Enid Artursdottir

Aus-Wurf

AF549346

Enid Artursdottir

Aus-Wurf

Akute Bronchitis in vierzehn Streichen

Trainerverlag

Imprint
Any brand names and product names mentioned in this book are subject to trademark, brand or patent protection and are trademarks or registered trademarks of their respective holders. The use of brand names, product names, common names, trade names, product descriptions etc. even without a particular marking in this work is in no way to be construed to mean that such names may be regarded as unrestricted in respect of trademark and brand protection legislation and could thus be used by anyone.

Cover image: www.ingimage.com

Publisher:
Der Trainerverlag
is a trademark of
International Book Market Service Ltd., member of OmniScriptum Publishing Group
17 Meldrum Street, Beau Bassin 71504, Mauritius

Printed at: see last page
ISBN: 978-620-2-49447-2

Copyright © Enid Artursdottir
Copyright © 2019 International Book Market Service Ltd., member of OmniScriptum Publishing Group

Inhaltsverzeichnis:

I. Erster Streich .... S. 3

II. Zweiter Streich .... S. 10

III. Dritter Streich .... S. 14

IV. Vierter Streich .... S. 15

V. Fünfter Streich .... S. 19

VI. Sechster Streich .... S. 24

VII. Siebter Streich .... S. 27

VIII. Achter Streich .... S. 29

IX. Neunter Streich .... S. 30

X. Zehnter Streich .... S. 32

XI. Elfter Streich .... S. 33

XII. Zwölfter Streich .... S. 35

XIII. Dreizehnter Streich .... S. 36

XIV. Vierzehnter Streich .... S. 38

I. <u>Erster Streich:</u>

kann nicht schlafen

muss nur husten

und ausspeien

warum dann nicht auch gleich noch verbal

mir kommt so viel Unsinn in den Sinn

nicht weil er sinnvoll wäre

sondern weil ich damit beschwert und belastet worden bin

über ein halbes Jahrhundert hinweg

kontinuierlich

beharrlich

beständig

unbeirrbar

wie in einer Art "Dressur"

genau genommen wie in einer Sekte

das Gefühl ist genau das wie bei den sog. Zeugen

die stete innere Frage

was woll´n die jetzt von mir

wie tick´n die

was geht hier ab

wofür wird man bestraft

wofür wird man gelüncht

wofür wird man exerziert

wie ALL-MÄCHTIG ist der STRAFENDE GOTT

wer darf einen wofür unterjochen

wer steht über einem

wer darf einen nieder machen

schließlich hat man "devot" zu sein

unterwürfig

und noch dankbar

aber schließlich nur "den Richtigen" gegenüber

eine stete Tortur

dienstbeflissen

pflichtbewusst

aufopfernd

man muss sich "klitzeklein" machen

um dann schließlich "ganz groß raus" zu kommen

kacken und pupsen sind dabei völlig inakzeptabel

aber die Scheiße muss stets kontrolliert werden

hab ich dir erzählt

dass meine Mutter tatsächlich

jeden Stuhlgang inspizierte

und dass mich das als (Klein)Kind

so dermaßen unter Druck setzte

dass ich es zu hassen beginn

ich habe versucht mich abzugrenzen

und "höflich" zu unterbinden

ihre buchstäbliche "Bewertung" dessen

was bei mir "hinten raus" kam

und damit hört sie ja schließlich

bis zum heutigen Tage nicht auf

sie will bestimmen

wer wann bei mir zu Besuch einzuladen sei

wer mich per „Du“ anzusprechen hat

und zudem noch verfügen

dass ich mitsamt meiner "Brut"

(sind die nun eigentlich auch "hinten" heraus gekommen

dann ist klar dass sie ein PRIVILEG dazu hat

diese alle disqualifizieren zu können

schließlich hat sie das schon Jahrzehnte lang getan -

kannst du dich übrigens noch daran erinnern

wie sich meine Schwester mitsamt ihrer Göre

nach der Geburt der Zwillinge in der Klinik

den Zugang zu den Frischgeborenen eigenmächtig verschafft hat

und wie dann die Göre mit ihrem Handy

"Bilder für die Oma" angefertigt hat

und wie dann hinterher darüber "gewertet" wurde

dass die Kinder ja eigentlich gar nicht so hässlich seien

wie man wohl insgeheim gehofft und vermutet hatte -

erinnerst du dich daran dass meine Mutter

vor noch nicht allzu langer Zeit

tatsächlich auf die Wahnsinnsidee kam mir mitzuteilen

dass sie immer davon ausgegangen sei

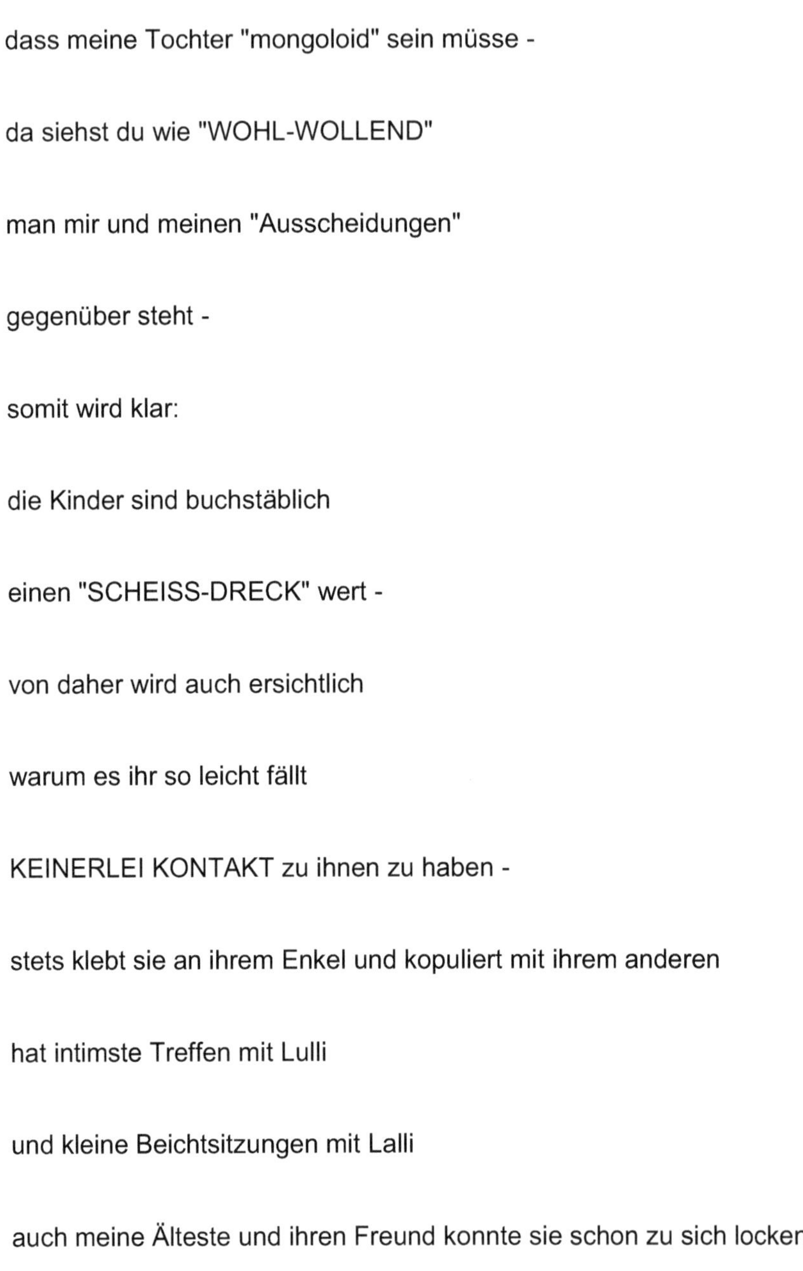
dass meine Tochter "mongoloid" sein müsse -

da siehst du wie "WOHL-WOLLEND"

man mir und meinen "Ausscheidungen"

gegenüber steht -

somit wird klar:

die Kinder sind buchstäblich

einen "SCHEISS-DRECK" wert -

von daher wird auch ersichtlich

warum es ihr so leicht fällt

KEINERLEI KONTAKT zu ihnen zu haben -

stets klebt sie an ihrem Enkel und kopuliert mit ihrem anderen

hat intimste Treffen mit Lulli

und kleine Beichtsitzungen mit Lalli

auch meine Älteste und ihren Freund konnte sie schon zu sich locken noch bevor diese überhaupt in meinem Hause

vorgeführt werden durften

nur auf meine Zweitälteste hat sie leider gar keinen Zugriff

und auf die "Nachzügler"

muss wohl eine Art "Nachgeburt" sein

etwas "Überflüssiges",

was eben "hinterher" kommt -

so wie ich selbst schließlich auch

zu "guter" Letzt?!?)

II. Zweiter Streich:

weiter geht´s

des Aufwurfes ist kein Ende

es hustet und spuckt sich stets weiter

alles alte Scheiße

das ist wohl wahr

doch sie sitzt mir auf der Seele

sie verdreckt mir mein Herz

und lässt mich nicht mal in Ruhe atmen

so sehr verklebt es mir die Flügel

die ich doch erst ent-fal-ten dürfen sollte

bevor man sich schon schadenfreudig am Boden wälzt

und vor Lachen auf die Schenkel klopft

dass dieser "Wurm" wohl wahrlich niemals fliegen können wird

ist das lustig

da kann man dann einfach drauf treten

und schon ist er platt

und klebt an der "Hacke" meines Bruders

damit hat er "gewonnen"

und mich "kalt" gemacht

und alle triumphieren

das haben sie schon immer gewusst

der Kerl ist schließlich was ganz Besonderes

ein großer Recke und wahrer Held

der konnte seine kleine Schwester

schon immer in den "Schwitzkasten" nehmen

und sie zu Boden drücken

oder unter dem Plumeau ersticken

oder im Bettkasten einsperren

damit sich Cousin und er

gemeinsam vereint auf das französische Klappbett setzen konnten

um ihre männliche Macht

und buchstäbliche Überlegenheit zu demonstrieren

schließlich war es pure Gnade

dass ich wieder "befreit" wurde

und das Licht der Welt erblicken durfte

es kam quasi einem Schöpfungsakt gleich

sodass mein Bruder sozusagen

der "Zeuge" eines Frankenstein ist

da er mich aus seinem Kasten befreit hat

sein persönliches "Monsterlabor"

und mit seinen "Züchtungen"

(und späteren "Zeugungen")

kann er ja schließlich machen

was ER WILL

mit seinem eigenen Kack-Haufen

durfte er dies ja genauso handhaben

und Mutti hat es immer gut geheißen

denn er ist und war und bleibt der "Junge" ("de Jong")

der alles kann und darf und haben soll

damit Mami ganz besonders STOLZ auf ihn sein kann

III. <u>Dritter Streich:</u>

und ich huste gleich noch eins weiter raus

und immer schön ins Klopapier spucken

ein Spucknapf wäre schließlich nicht mehr zu leeren

mutiert das Ausgeworfene doch zu einer Art "Leim"

den Qualitäten des "Sekundenklebers" nicht unähnlich

Spaß beiseite - weiter geht´s im frohen Aus-Werfen

IV. Vierter Streich:

neuerdings tummelt sich meine Schwester doch ach so gerne

gemeinsam mit meiner - nein, verzeih, wie anmaßend -

mit IHRER MUTTER, um diese als Eingangsportal zu nutzen

in die diversen Häuser der sogenannten Verwandtschaft

schließlich - so betonte sie immerhin selbst und hochwohlgeboren

gehe es darum dass Begegnungen "BEREICHERND" sein müssten

und das war die selbige im ehemaligen Ostblock doch gar nicht

die sie durchgeführt hat nachdem mein Büchlein

mit ähnlichem Titel herausgekommen war

und sie mit den "Original-Briefen" aus der Mappe meines Großvaters

zur Enkelin des "geschätzten Onkels" in die Ehemalige reiste

gemeinsam mit ihrem güldenen nein versilberten Göttergatten

dort gab es nur "Armseliges" zu berichten

das Weibchen war krank - zum Beweis hat sie´s gleich abgelichtet

und in ihrer Private Bildergalerie

ihres persönlich autorisierten Handys abgelegt

wo sie mir dann ganz beiläufig in H. –

dem Geburtshaus ihrer Majestät - zeigen konnte

wie auch die vielen übrigen abgelichteten Fotos

aus dem Album der Tante I.

auf welchen sich schön aufgereiht sämtliche Ahnen "gliedern" ließen:

der Cousin O. mit holder Gattin

der Cousin A. mit seiner Gemahlin

die Cousine G. ohne den Verstorbenen

der Cousin H.-G. (mein Patenonkel) mit Angetrauter

und wer sonst noch so alles zu sehen war

sie demonstrierte voller STOLZ

quasi "IM BESITZ" all dieser Personen zu sein

sie hatte damit ja auch sozusagen deren "Seelen" eingefangen

und konnte diese nun in ihrem Schaukabinett zum Besten geben

auch meine Tochter L. war dort zu sehen

auf dem Geburtstag der Oma E.

wie sie neben meiner Schwester P. saß

ganz eng Stuhl an Stuhl an einem Tisch

nicht bei uns - am "Katzentisch"

wo mal eben die Geschenke

bei Seite geschoben werden mussten

damit - "louwa mo! do össet jo!"

("schau mal! da ist `es´ ja!")

mit ihren Verkotungen und dem frischesten Stuhlgang aller Zeiten

in einen Maxi-Cosi geschissen

in die Sitzecke gequetscht werden konnte

den Begaffungen aller Schaulustigen willkürlich ausgeliefert

und der stinkenden Kochkunst des schwitzenden Gastronoms ebenso

---

V. **Fünfter Streich:**

so ziehen sie nun also durch die Lande

die größte aller Töchter

mit ihrem Fräulein Mah-mah auf dem Beifahrersitz

die Tochter ist schon sooo groß

dass sie alleine Auto fahren kann und darf

drum holt sie auch das kleine Mah-mah-chen

unten im hinterletzten Kaff

im allerletzen Haus ab

nachdem sie sich von ihrem Thronsitz herab gegeben hat

damit diese dann die "Vorsprecherin" machen kann

schließlich kennt sie die alten Fratzen noch von früher

und kann quasi "ein gutes Wort" für die Eintretenden einlegen so verschaffen sie sich Zugang von Haus zu Haus

und tun es im Doppelpack den Zeugen gleich

als die sie in Häuser eindringend

und die Leute "bekehren" wollend

sich dort verkaufen und präsentieren

so wurde auch der Geburtstag meiner Tante I.

war es nicht sogar der Neunzigste dazu ausgeschlachtet

"Kontakte" herzustellen um neue "Besuche" zu terminieren

an denen meine Mutter keine Zeit "für mich"

und/oder "meine Kinder" haben KONNTE

da sie ja schließlich mit der GROSSEN

in die benachbarte Ortschaft nach B. fahren musste

(in das Geburtshaus der Oma A.) um dort weiter

für ihre Ahnengalerie zu stibitzen was das Zeug hält

das war dementsprechend wohl auch das HAUPT-MOTIV dafür

dass ich AUF GAR KEINEN FALL zum Geburtstag der Tante I.

überhaupt auch nur im Ansatz "IN ERSCHEINUNG TRETEN DURFTE"

der Pfarrer wurde dort neben dem Geburtstags-Omachen platziert

und mehrfach wie für die Presse abgelichtet

natürlich von meinem Foto-machen-könnenden Bruder

und von meiner alles-beherrschenden großen Schwester

die Fotos meines Bruders konnte ich übrigens nur deshalb schauen

weil sie mir irgendein Bekannter aus M.

aus folgendem Grunde per E-Mail zusandte

um mir klar zu machen dass er ja immerhin

VIEL BESSERE KONTAKTE in den alten Ort HABE

und das OBWOHL ER SEIT JAHRZEHNTEN

NICHT MEHR DORT WOHNE

und jetzt sogar auch noch SEIN ELTERNHAUS VERKAUFT SEI

und er dort wirklich GAR NICHTS

aber auch GAR NICHTS MEHR VERLOREN HABE

dieser hat also noch immer super gute Connections

zur übergewichtigen fetten aufgedunsenen E.

die ihm woher auch immer die Fotos meines Bruders

von wo auch immer nach M. auf den Rechner schicken konnte usw. usf.

du siehst es ist alles von SO ENORMER WICHTIGKEIT

wie die Aufmacher des Servers die einem ins Auge ploppen

wenn man nur mal eben den Mail-Account aufrufen möchte

wer verschenkt da wem zum Geburtstag ein paar Titten

wo gibt es einen Rechtsruck in welchem Bundesland

welchem XY-Trainer darf gar niemals gekündigt werden

und was für ein Schrott und Schund auch immer

und genau DESHALB DARF ICH DORT NIRGENDS AUFTRETEN

ich würde quasi DIE PUBLICITY

MEINER HOLDEN GESCHWISTER STÖREN

die sich dort nämlich überall gerade

GANZ GROSS IN SZENE SETZEN!!!

VI. Sechster Streich:

so kann mein Bruder jetzt

nach seiner beiläufigen Scheidung

direkt mit der nächsten Anstandsdame angeben

die so gut katholisch ist

dass selbst der Papst davon schier beeindruckt wäre

sie kann ihr vom noch nicht geschiedenen Gatten

und zweiten Vater ihrer Kinder

präpariertes Grinse-Applikat

dann schief in jedes Kameraobjektiv hineinhalten

und hinterher wird es fantastisch aussehen

mit der Bluse und dem Täschchen

und mein Bruder ist dann der "gemachte Mann"

mit so einer prachtvollen Begleiterin

meine Schwester braucht nur ein paar Fotos

von ihrem geschminkten Töchterlein präsentieren

oder von den wechselnden Begleitungspersonen

ihres Klappstöckigen Möchtegern-Ejakulators

und diese mit ein paar netten Anekdoten

aus ihrer eigenen weltmännischen Großreisekunst ausstaffieren

oder mit kleinen Applikationen

von den beiläufigen Karrieren ihrer Exkremente versehen

schließlich kriecht der Klappstock

gerade einer echten Professorin in den Arsch

und erschleimt sich das Kampfgrinsi

den Zugang zu einheimischen Scheichs

um deren Kinder FÜR BARES hochprofessionell betreuen zu können

und so auf einer noch größeren Leinwand abgebildet zu werden vielleicht schaffen sie es ja sogar einmal in die GROSSE PRESSE

da würde die OMMA aber stolz sein und das Töchterli doch auch

und der holde Gemahl und die ganze Welt ach wäre das nett

wie gut die Klavier spielen können

und auf dem Pferdchen sitzen

und die Nägel lackieren

und mit Papi wandern

und so weiter

und so fort

VII. Siebter Streich:

von den Söhnen meines Bruders weiß nur der was zu husten

das kommt dann eher unter vorgehaltener Hand

und unter der Anforderung von GANZ VIEL

VERSTÄNDNIS UND MITLEID

und MITGEFÜHL

ach die Armen

da muss die Omma ja ganz gut helfen

und die rettende missionierende (Paten)Tante immer schön einspringen

mit pädagogisch wertvollen Geschenken und Pflichtbesuchen

an allen Krankenlagerstätten dieser Welt

schließlich verschafft sie sich ja den Zugang

WOHIN AUCH IMMER SIE WILL

"man muss nur wissen WIE"

notfalls auch nur mit der "OMMA" an der Seite

Hauptsache es ist BE-REI-CHERND!!!

FÜR SIE PERSÖNLICH NATÜRLICH

und für ihre Brut nebenbei

das braucht ihr Ego-li

VIII. Achter Streich:

und leider spielt auch die große Cousine

gut und gerne und gekonnt und anständig mit

so darf die kleine Schwester und kleine Cousinchen

das ehemalige Paten-Kindlein nun nicht

die Tante oder Mutti besuchen fahren

und dort einen "eigenen Eindruck" hinterlassen

nein - NUR NACH VORHERIGER ABSPRACHE

MIT DER ENTSCHEIDERIN WIRD IHR DIESES PRIVILEG

(eventuell oder auch nicht) ZU TEIL

DIES ENTSCHEIDET IMMERHIN

das biedere sechzigjährige Mädel

IX. Neunter Streich:

selbiges darf auch als Tochterersatz oder Ersatztochter

auf dem Geburtstag von K. DEM GROSSEN

auf dem die "echte Tochter" natürlich auch ein VERBOT

des ZUTRITTS erteilt bekommt und VERWIESEN wird

in Erscheinung treten und sich mitsamt

der (Paten)Tante und Cousine und Cousin

und nicht zuletzt mit dem Geburtstagskind

dem großen K. auf einem FOTO ablichten lassen

für´s "FAMILIEN-ALBUM" (welches das GROSSE KIND erstellt

und hinterher großherzig verschenken wird)

und DA IST NUN MAL KEIN PLATZ für das Klitzekleine

das muss sie doch mal endlich begreifen

herrgottsackranochamal

X. **Zehnter Streich:**

und so dürfen nun alle zutreten und zustechen

hinein blöken und heraus schauen

aus diesem Gruselkabinett von Gestalten

und alle sind sie so enorm wichtig und von Bedeutung

bis auf EINE - DIE WIRD AUSGESPERRT -

DIE DARF NICHT KOMMEN -

nicht mal zum Geburtstag

der eigenen Gebärmaschine

wo kommen wir denn da hin

wir wollen doch schließlich

"UNTER UNS" BLEIBEN

XI. **Elfter Streich:**

und so spielen sie Karneval und Fasching

mit ihren Kostümen und Masken und Fratzen

und lichten sich alle gegenseitig ab

und freuen sich enorm über sich selbst

und ihre Existenz und ihr glorreiches Leben

und ihre Verwandtschaft und Bekanntschaft

und das überaus innige Verhältnis

insbesondere zu meiner

ganz doll wichtigen

SCHWÄS-TAH

und meinem

ach so GROSSEN BRUH-DAH

und der so unermesslich allmächtigen

intriganten MUH-TAH(-TION)

XII. <u>Zwölfter Streich:</u>

da siehst du doch

warum ich störe!!!

XIII. Dreizehnter Streich:

ich störe die holde Nachbarschaft

ich störe meine eigene Herkunftsfamilie

ich störe auch diverse kirchliche Kreise und G.

vermutlich habe ich auch in der naheliegenden Kita

mitsamt meinen ausgeschissenen Blagen nur gestört

von meinen störenden und schreienden Katzen

mal ganz zu schweigen so war es quasi

eine Gottespflicht diese um die Ecke

zu bringen und der Störung

ein unwiderrufliches Ende

zu bereiten

nettwahnett

(nicht wahr nicht)

XIV. Vierzehnter Streich:

ach was könnte ich noch so alles weiterhusten

aber wozu das Ganze

es ist nur Auswurf

gut genug für´s Klo

wenn nicht gerade Verstopfung herrscht

so bedarf es auch hier des "ROHR-FREI"

es soll "geschossen" werden

dass es nur so knallt

ALLES MUSS RAUS

drum scheißet

und furzet

was das Zeug hält

WEG IST WEG

und kommt nie wieder

RAUS MIT DEM DRECK

DIE ABSOLUTE BEFREIUNG

WO BITTE SCHÖN DARF ICH HINKOTZEN!?!

diese Frage hätte ich zur Begrüßung

in allen G. stellten sollen

im Prinzip hab ich dies auch getan

nur etwas höflicher

indem ich mich als erstes

nach dem ABORT erkundigte

als WICHTIGSTEM ORT überhaupt

irgendwo muss man schließlich mal

UNZENSIERT ALLES RAUS LASSEN DÜRFEN

wenn sonst nur Presswurst und Fimo-Zier-Kackerei

gefordert gewünscht verlangt erbeten und geduldet sind

ES LEBE DER FREIE SCHISS -

LETTING GO!

SHIT HAPPENS

;-)

I want morebooks!

Buy your books fast and straightforward online - at one of world's fastest growing online book stores! Environmentally sound due to Print-on-Demand technologies.

Buy your books online at
www.morebooks.shop

Kaufen Sie Ihre Bücher schnell und unkompliziert online – auf einer der am schnellsten wachsenden Buchhandelsplattformen weltweit! Dank Print-On-Demand umwelt- und ressourcenschonend produzi ert.

Bücher schneller online kaufen
www.morebooks.shop

KS OmniScriptum Publishing
Brivibas gatve 197
LV-1039 Riga, Latvia
Telefax: +371 686 204 55

info@omniscriptum.com
www.omniscriptum.com

Printed by Books on Demand GmbH, Norderstedt / Germany